SOLILOQUES

SCEPTIQUES

par

LA MOTHE LE VAYER

Réimprimé sur l'édition unique
de 1670

SCIENTIA DUCE

PARIS
Isidore Liseux, 5, Rue Scribe
1875

SOLILOQUES

SCEPTIQUES

SOLILOQUES
SCEPTIQUES

par

LA MOTHE LE VAYER

Réimprimé sur l'édition unique
de 1670

SCIENTIA DUCE

PARIS

Isidore LISEUX, 5, *Rue Scribe*

1875

Ce petit ouvrage ne se trouve pas dans les collections des Œuvres de La Mothe Le Vayer, notamment dans celle de 1669 (15 vol. in-12); il ne fut publié que l'année suivante (1), en même temps que l'*Hexaméron rustique*, également exclu de ces collections. L'auteur avait alors 82 ans.

C'était un sage à la manière antique, et nous ne pouvions mieux choisir que ces pages pour donner une idée de sa philosophie. Elles montrent comment le scepticisme absolu en toutes matières, religions, morale, esthétique, histoire, se concilie aisément avec la soumission aux mystères du Christianisme. Il n'y a, pour cela, qu'à être de son temps et de son pays. On a un

(1) Paris, *Louis Billaine*, 1670, petit in-12.

VI

salon rempli d'idoles en or, en marbre, en plâtre : au milieu, ce « grand Dieu pendu » dont parle Bossuet. Livré aux seules lumières de la science, on hésite : l'embarras est grand, le choix difficile; mais, encore une fois, on est de son époque, et l'on se fait pardonner ses doutes en déclarant, avec Saint Paul, qu'on ne sait rien, « sinon Jésus-Christ crucifié » (1).

Ainsi l'on vit, tranquille et honoré, l'espace de quatre-vingt-quatre ans; ainsi l'on est précepteur de Louis XIV, et, plus heureux que certain philosophe de nos jours, on a pour collègues à l'Académie Française des évêques, Bossuet lui-même, qui ne s'offensent pas de collaborer avec vous à un dictionnaire, parce que vous avez l'audace de penser et d'écrire librement.

I. L.

(1) Page 8.

AU LECTEUR

Ne vous estonnez pas que je me serve du mot de Soliloques, peu connu dans nostre langue; il ne l'est guères davantage dans la Latine où Saint Augustin l'a emploié; et tous ceux qui ont traduit ses œuvres en François, n'ont pas fait difficulté de le retenir : c'est un entretien secret avec soi-mesme, qui respond au-

cunement aux à parte si fréquens sur le
Théâtre des Italiens, et que le nostre, aussi
bien que celui des Espagnols, et des Anglois,
n'ont pas rejetté. Je sçai bien qu'on les a
condamnez comme ridicules, veu le peu d'apparence qui se trouve à présupposer, qu'un
Acteur puisse prononcer tout bas, sans estre
entendu de celui qui n'est qu'à deux pas de
lui, ce que tous les Auditeurs du parterre,
pour esloignez qu'ils soient, doivent enten-
dre. Mais puisque tout ce que les Théâtres
des Grecs et des Latins ont representé, aussi
bien que les nostres par imitation, n'est que
fable, et une pure imposition ou mensonge;
pourquoi n'admettra-t-on pas une chose de
si peu de conséquence, à cause qu'elle n'est
pas vraisemblable? On oblige bien les Spec-
tateurs à prendre un chasteau de carte pour
l'Acrocorinthe, ou quelque autre forteresse
semblable; et un petit coin du lieu où se
joue la Comédie, pour tout le païs Attique.
Pourquoi, encore un coup, feroient-ils difficulté de se laisser tromper par un à parte,

prononcé d'une voix contrainte, comme l'on
fait, nonobstant que cela choque les sens, de
la façon que nous l'avons remarqué? En vérité l'apparence est moindre, et le raisonne-
ment se trouve beaucoup plus offensé aux
premières tromperies, et autres pareilles
dont le Théâtre est continuellement rempli,
qu'aux à parte qui sont rares, et qui ne
durent qu'un moment. J'ai assez d'années
pour escrire qu'autrefois ces façons de parler estoient en usage : j'ai dit à part-moi, et
il a dit à part-soi, dont l'on ne se sert plus,
et qui respondent aux à parte des Italiens.
Mais pour revenir aux Soliloques, il ne
s'est pas trouvé moins de personnes qui les
ont voulu généralement censurer, que de
celles dont nous venons de parler qui ont
condamné les à parte ; et les Italiens mesme,
nonobstant la pratique de leur Théâtre,
n'ont pas laissé de prononcer en commun
proverbe il parlar solo, è da pazzo, comme
s'il n'y avoit que des fous qui parlassent à
eux-mesmes. Si est-ce que l'exemple des

Pythagoriciens dans leurs entretiens se-
crets, et leur examen journalier de con-
science, que Sénèque pratiquoit tout les soirs
à leur exemple, me font estre d'un avis bien
différent. Ce grand Précepteur de la Morale
de son siècle nous représente dans le sixiéme
livre de la Cholère, qu'il addresse à Nova-
tus, au chapitre trente-sixième, comme à
l'exemple du Philosophe Sextius, il s'in-
terrogeoit lui-mesme tous les soirs, et s'ad-
dressant à son âme, lui demandoit compte
de ce qui s'estoit passé durant la journée :
quotidie, *dit-il,* apud me causam dico;
repassant sur ses fautes dans le secret du
lict, que sa femme Pauline faite à ce mys-
tère ne troubloit jamais : il ne se les par-
donnoit qu'à la charge de n'y plus retomber,
et se prononçoit, en forme de jugement, ces
propres termes : Vide ne istud amplius
facias, nunc tibi ignosco. *De tels Soliloques,*
et ceux du Docteur de la Grâce, m'empes-
cheront bien de les condamner, comme
plusieurs ont fait. Mais puisqu'il n'y a

rien de plus naturel, ni aussi de plus ordi-
naire aux hommes, que de se tromper,
pardonnons aux autres leurs erreurs, afin
qu'on excuse les nostres.

SOLILOQUES

SCEPTIQUES

PREMIER SOLILOQUE

Le plus important précepte de la science, est de sçavoir qu'il y a des choses qui ne méritent pas d'estre sceues; ce que Quintilien a dit particulièrement de quelques notions grammaticales. Mais il y en a d'autres qu'on peut dire estre absolument hors de la portée de nostre esprit, qui est trop profondément plongé dans la matière, pour bien recon-

noistre ce qui en est dégagé. Cependant c'est une des principales, et des
plus ordinaires maladies de l'homme,
d'estre travaillé d'une curiosité in-
quiète pour des choses qu'il ne peut
sçavoir, et qu'il lui est vraisemblable-
ment plus avantageux d'ignorer, que
d'en prendre connoissance, puisque
Dieu a limité la sphère d'activité de
son âme, qui ne peut pas pénétrer
jusques-là. Ainsi l'on peut soustenir
que c'est une espèce d'intempérance
très-pernicieuse, de vouloir sçavoir
plus qu'il ne faut, et que le Ciel ne
nous le permet, *plus velle scire
quam sit satis, intemperantiæ genus
est,* comme un Payen mesme l'a re-
connu. Saint Augustin rapporte au
septième livre de la *Cité de Dieu* la
mesme pensée expliquée par Varron
en termes différens, quand ce sçavant
Romain déclare que s'il parle des
choses Divines, c'est à la façon de

Xénophanes Colophonien, qui pro-
testoit que ce qu'il en escrivoit, n'estoit pas pour le faire passer comme
une chose certaine, mais seulement
comme une pensée douteuse qu'il en
avoit; l'homme ne pouvant posséder
là-dessus que des opinions incertaines, parce que la connoissance as-
seurée en est réservée à Dieu seul.
*Quid putem, non quid contendam,
ponam; hominis enim est hæc opi-
nari, Dei scire.* Cela me fait remarquer avec estime la prudence du
Mofti des Turcs, qui est à peu près
parmi eux, et dans leur Religion, ce
qu'est parmi nous le souverain Pon-
tife. Il ne rend jamais de jugement
sur ce qui lui est proposé, et ne pro-
nonce point sa sentence, qui s'appelle
en sa langue *Festa*, sans adjouter à
la fin : *Dieu le sçait mieux.* Certes,
tout bien considéré, je me confirme
dans cette doctrine, que hors les vé-

ritez révélées d'en-haut, et que la vraie Religion nous enseigne, l'on peut sans crime demeurer irrésolu, et sans rien déterminer sur tout le reste. Je vois tous les hommes ainsi faits, qu'ils se moquent, en suivant leurs fantaisies, les uns des autres, au mesme tems qu'ils pensent tous avoir raison. Mais pour moi, je ne veux pas me laisser emporter par le torrent de la multitude. *Non posso accommodarmi a cantare, e far concerto, con quasi tutti gli altri huomini, il questo particulare,* comme parle cet Italien.

SECOND SOLILOQUE

J'avoue que le désir d'apprendre et de sçavoir est naturel à l'homme, *omnes homines scire desiderant*, dit le maistre de l'Eschole. Mais j'adjouste à cet axiôme, que ce mesme desir ne nous distingue pas moins des autres animaux, que la raison, dont nous faisons nostre préciput; lorsque nous les nommons tous desraisonnables, comme s'il n'y avoit que l'homme qui sceust bien discourir, et tirer de bonnes et raisonnables conséquences. Si est-ce que ceux qui ont pris la pene d'observer ces mesmes animaux, ont apperceu en beaucoup d'entre eux des estincelles d'une raison que nous avons voulu nommer imparfaite, bien que Galien, et assez d'autres Philosophes n'aient pas fait difficulté de prononcer, qu'elle ne diffère de la nostre que selon le plus et le moins, qui par la doctrine des Colléges ne change point l'espèce, *plus et minus non mutant speciem*. Il n'en est pas de mesme de ce désir

ardent de s'instruire, tout particulier
à l'homme; sans qu'il se remarque
aucun véritable signe d'une pareille
envie aux animaux. Au lieu donc de
définir l'homme un animal raisonnable, je trouverois moins d'inconvé-
nient à le nommer un animal dési-
reux de sçavoir, et je penserois former par ces termes une plus juste dé-
finition. Mais si la Nature n'imprime
point dans nos âmes de vains désirs,
et qui ne puissent réussir, comme
quelques-uns l'ont soustenu, il s'en-
suivroit que la science nous seroit
comme naturelle, et que nous pour-
rions tous l'acquérir; ce qui n'est
peut-estre pas vrai, l'ignorance, selon
beaucoup des plus ingénus Philosophes, paroissant estre bien plutost de
l'appennage de nostre humanité, que
la science, comme je m'en suis souvent assez expliqué ailleurs. En vérité,
si nous y prenons garde de près, et

si nous voulons reconnoistre franchement ce qui en est, l'homme n'est
pas capable de sçavoir la raison d'autre chose, que de ce qu'iï exécute à sa
mode, ni comprendre d'autres sciences, que celles dont il fait soi-mesme
les principes; ce qui se peut facile-
ment prouver en considérant de bonne
sorte les Mathématiques. O la belle
maxime d'État, qui fait, ce semble,
subsister cette grande Monarchie de
Moscovie! d'estre dans l'ignorance de
ce que nous appellons les belles lettres, selon que toutes les relations qui
en parlent le font voir. Hors ce que
l'auteur de nostre estre nous a révélé,
et que la Foi Chrétienne nous oblige
de tenir pour très-certain, il n'y a
rien que l'esprit humain ne rende
douteux et problématique. C'est ce qui
a fait dire si excellemment à Saint
Paul écrivant aux Corinthiens (1),

(1) Ep. 1. c. 2.

qu'il ne sçavoit rien sinon JÉSUS-CHRIST crucifié.

TROISIÈME SOLILOQUE

Je ne puis que je n'approuve beaucoup l'interprétation mystérieuse de quelques Pères, qui ont pris ce que rapporte Ezéchiel de certaines eaux qu'on passe aisément lorsqu'on n'en a que jusques aux talons, et mesme que jusques aux genous et jusques aux reins; mais qu'il n'est pas possible de traverser sans se perdre, si l'on pense pénétrer plus avant. Ils croient que le Prophète veut signifier ce qui arrive aux personnes curieuses et téméraires, qui peuvent bien prendre quelque connoissance

d'abord des choses humaines, et
mesme pénétrer jusques à de certaines petites notions des Divines; mais
qui se perdent indubitablement, s'ils
pensent aller plus avant, et s'informer
également de celles que Dieu a mises
au-dessus de la capacité de nostre esprit, *hæc nos Deus mirari voluit,
scire noluit.* C'est-là qu'il faut dire
ce que les Turcs prononcent sur tout
ce qui leur paroist douteux, *Allah
bilut,* Dieu le sçait. Nostre raison qui
nous rend si glorieux, est enfin contrainte d'avouer dans sa plus haute
élévation, qu'il y a une infinité de
choses qui la surpassent, et qu'il n'y a
rien de si conforme à elle-mesme, si
elle est juste et bien réglée, que de
désavouer ses plus subtils discours
en tout ce qui concerne la Foi, où
elle ne sçauroit trop s'humilier, ni
trop reconnoistre sa foiblesse, ou,
pour mieux dire, son aveuglement.

Certes, Saint Augustin a eu grand
sujet d'escrire dans la *Cité de Dieu,*
qu'à l'égard de la Morale mesme, il
valoit beaucoup mieux tenir ses pré-
ceptes de la Foi, que de nostre raison humaine, qui varie sans cesse, et
qui n'est constante que dans son in-
constance. Elle ne peut faire ses opé-
rations, qu'elle ne s'appuie sur ce
que nos sens lui suggèrent ; et nous
sommes enfin contraints d'avouer que
ces mesmes sens, et nostre raison,
s'entre-abusent à qui mieux mieux.
En voulez-vous une plus forte preuve,
que de considérer comme ce qui est
juste et approuvé en France, est ré-
puté mauvais et improuvé, je ne dirai
pas, à la Chine, ni au Japon, mais
parmi nos plus proches voisins ?
Estrange et ridicule Morale, que les
Alpes et les Pyrénées diversifient, ou
un filet d'eau, tel que celui qui nous
sépare de l'Angleterre, et celui qui di-

vise l'Espagne d'une Province d'A-
frique qui lui est opposée !

QUATRIÈME SOLILOQUE

Il n'y a personne qui ne ressente je
ne sçai quoi de pénible dans son esprit, lorsqu'il commence à raisonner
sur les choses du Ciel, où il ne trouve
pas que sa Logique et ses principes
s'accordent avec ce qu'il avoit receu
pour bon aveuglement jusques-là,
sans rien examiner. Horace exprime
cela dans une de ses Odes (1) en ces
termes :

Parcus Deorum cultor et infrequens,
Insanientis dum sapientiæ
Consultus erro, nunc retrorsum
Vela dare, atque iterare cursus
Cogor relictos.

(1) L. 1. ode 34.

La secte de Démocrite, la Cyré-
naïque, et celle d'Épicure, lui avoient
donné de mauvaises opinions de la
Providence, comme si les choses
d'ici-bas estoient indifférentes à Dieu,
parce qu'elles paroissoient à ces philosophes indignes de son occupation.
La syndérèse et un remors de con-
science fait qu'Horace nomme à bon
droit cette pensée *insanientem sa-
pientiam,* une folle sagesse. Et Lu-
crèce, plus ancien que lui, appréhen-
doit de parler·mal des choses divines,
sur ces mesmes fondemens contraires
à toute sorte de Religions : ce qui lui
fait dire à son Lecteur :

Illud in his rebus vereor ne forte rearis
Impia te rationis inire elementa, viamque
Endogredi sceleris.

Tout le monde est touché de cètte
crainte, si Dieu ne l'a tout-à-fait aban-
donné à un sens reprouvé. Il n'y a
que la Foi qui, dans la vraie Reli-

gion, nous empesche de déférer aux
tentations que l'ennemi de nostre re-
pos et de nostre salut nous suggère
sur ce qui regarde le Ciel. Il a bien-
tost séduit les plus grossiers, parce
que, selon le mot de l'Ecclésiastique,
les simples se rendent aux premières
apparences trompeuses d'un dange-
reux discours, et sont aussi faciles à
persuader, qu'un enfant est aisément
fait pleurer : *a facie verbi parturit
fatuus, tanquam gemitus partus
infantis.* Certes l'on se doit bien
garder de soumettre les véritez constantes de la vraie Religion, qui nous
ont esté révélées d'en-haut, au raison-
nement humain, parce que si vous
pensez accommoder la foi au discours
qu'on peut former sur ce qu'elle enseigne, chacun prétendra avoir droit
d'en penser à sa mode, n'y aiant rien
de si divers que l'esprit de l'homme ;
et ainsi cette foi ne sera plus une

comme elle doit estre. Il faut avaler
sans mascher ce qu'elle prescrit,
comme une médecine salutaire qui
guérit au dedans si on ne la rejette
point, ce qui arrive à ceux qui la veulent trop savourer. Si vous voulez
l'accorder de tout point avec les
sciences humaines, vous la ruinez absolument, parce que selon le mot de
l'Eschole, *posita scientia tollitur
fides, sicut posita fruitione tollitur
spes.* En effet on ne croit pas les choses qu'on sçait, ce qui donna lieu à
Pomponace de se délivrer des mains
de l'Inquisition où il estoit, pour
avoir dit nettement dans sa chaire
de Professeur en Philosophie, qu'il
ne croioit pas l'immortalité de l'âme.
Ne pouvant pas nier d'avoir ainsi
parlé, à cause qu'on lui produisoit
des tesmoins irréprochables, il s'avisa
d'interpréter son dire en l'avouant,
avec cette solution, qu'il sçavoit et

enseignoit démonstrativement que nos âmes estoient immortelles; ce qui faisoit qu'il ne tenoit pas cela de la foi, par cette raison d'Albert le Grand, emploiée mesme par lui contre Augustinus Niphus (1), *quod credita cum scitis non conveniunt, et principia fidei cum principiis naturalibus.* Un serviteur nommé Chalinus se sert de cette raison dans la *Cassine* de Plaute (2), avec ces propres termes : *At pol ego haud credo, sed certo scio;* voulant dire qu'on ne croit pas les choses que l'on sçait. Aussi y a-t-il grande différence entre sçavoir, et croire, selon que Saint-Thomas définit ce dernier : *Credere est actus intellectus assentientis divinæ voluntati, ex imperio voluntatis a Deo motæ per gratiam.* La foi donc qui règle nostre créance, est

(1) In defensorio, c. 27. circa fin.
(2) Act. 2. sc. 26.

tout autrement seure que la science humaine, où tout est incertain; d'où vient la détermination du Concile de Nicée (1), *Dubius in fide, infidelis est.* On ne sçauroit sans crime suspendre tant soit peu sa créance en ce qui touche la foi, ni révoquer en doute le moindre de ses articles sans pécher.

CINQUIÈME SOLILOQUE

Mais n'est-il point à craindre, qu'establissant ainsi le doute partout, excepté aux choses qui regardent nostre salut, et qui nous ont esté révélées d'en-haut selon que l'Église nous l'enseigne, toute la société civile n'en souffre beaucoup; parce que ne res-

(1) Baron. tom. 11.

tant plus rien au surplus dans la nature que de problématique parmi les hommes, selon que leur esprit est ingénieux à défendre opiniastrément ce qu'il s'est une fois imaginé, ils vivront dans des contestations perpétuelles? Car personne n'ignore le mot de Protagore, que tout peut estre disputé, *de omni re in utramque partem disputari posse ex œquo, et de hac ipsa, an omnis res in utramque partem disputabilis sit.* Combien de grands personnages y a-t-il eu, que Sénèque nomme dans une de ses Épistres (1), qui ont esté du mesme sentiment, Nausiphane, Parménide, Zénon Élate, avec une infinité de sectes entières qu'il cite, dont l'Eschole présupposoit le mesme sentiment. Si l'on dit que Platon, et assez d'autres excellens Philosophes ont esté d'une opinion contraire, c'est ce qui peut

(1) Ep. 88.

2.

donner le plus d'inquiétude, s'il est
soustenable qu'on doive croire chacun
en son art, puisqu'ils ont esté tous
d'une mesme profession, qui alloit à
rechercher curieusement la vérité. Outre cela Aristote, le plus grand Dog-
matique de tous, et le plus affirmatif,
nie cette proposition au troisieme livre de ses *Politiques*, chapitre on-
zième, où il establit pour constant,
qu'en toute sorte d'arts, ceux qui les
ignorent, jugent mieux de ce que ces
mesmes arts produisent, que les meil-
leurs Artisans qui travaillent avec
toute sorte d'industrie. Ainsi, dit-il,
un père de famille juge avec plus de
discernement de la disposition com-
mode d'une maison, que son Archi-
tecte. Un Pilote reconnoist mieux si
le gouvernail de són vaisseau est bien
fabriqué, que celui qui l'a fait. Et les
convives dans un festin portent meilleur jugement de l'apprest des viandes

qui s'y trouvent, que le Cuisinier qui les a assaisonnées. Il passe jusques-là que les Musiciens, ni les Poëtes ne sont pas les plus capables juges de leurs ouvrages. Ne tenons donc pas pour indubitable, que chacun doive toujours estre cru, et prononcer défi-nitivement dans sa profession.

SIXIÈME SOLILOQUE

L'opinion a esté fort bien nommée par Héraclite ἱερὰν νόσον, *sacrum morbum;* c'est une maladie popu-laire, une épilepsie qui mérite ce nom, puisqu'elle occupe et infecte la plus noble et la plus sacrée partie de l'homme, qui est l'âme, *quod san-ctissimam hominis partem, hoc est, animæ rationalis domicilium præ-cipue infestet.* Elle le fait avec tant d'attachement et de fermeté, qu'elle a donné lieu au mot d'Opiniastreté, qui est un mal d'obstination presque insurmontable. Mais il ne faut pas croire, que sous cette appellation de peuple, il n'y ait que la plus vile partie des Communautez de comprise. Le vulgaire, puisqu'on se sert encore de ce terme pour désigner des gens de la plus basse estoffe, est souvent toute autre chose que ce que l'on pense. La pourpre, et le cordon bleu, en font parfois partie, quoique ceux qui s'en parent indignement, se croient estre beaucoup au dessus. Tant y a que quand la pluspart du monde a une fois épousé une opinion, pour absurde qu'elle soit, et que parlant comme l'on fait au delà des Alpes, *il Mondo è in-finocchiato d'una opinione*, sa fausseté ne la fait guères quiter; au contraire l'on se roidit souvent d'autant plus à la maintenir, qu'elle est desrai-

sonnable et absolument opposée à la
vérité, qui n'est ni escoutée ni comprise par la folle et ignorante multitude : outre qu'on s'imagine qu'il y a
plus d'adresse à maintenir le faux
que le vrai. La pitié est que cet entes-
tement est fort contagieux, et qu'il
fait trébucher les uns sur les autres
dans la foule ceux qui en sont tou-
chez, sans qu'ils sentent leur mal,
croiant toujours au contraire n'avoir
que de très-bonnes pensées. Or ce
n'est pas le moien de guérir leur in-
firmité d'establir l'incertitude de toutes choses, puisque s'il n'y a rien que
de douteux, ils sont excusables de ne
quiter pas leurs fantaisies erronnées,
pour en prendre d'autres qui ne va-
lent pas mieux. Ainsi le meilleur
sera de laisser le monde en l'estat
qu'il est, et de suivre le précepte que
Saint Paul donne à Timothée (1), de

(1) Ep. 2. c. 1.

ne s'eschauffer point en des disputes
fascheuses, *non contendere verbis*, μὴ
λογομαχεῖν, comme estant une chose
inutile. Si vous croiez avoir raison
contre un antagoniste qui la mesprise,
ou qui ne l'entend pas, cédez-lui la
victoire en riant, comme je l'ai veu
faire avec adresse, *porrige herbam*,
sed ut bestiæ. En vérité celui-là avoit
quelque sujet, ce semble, de soustenir que la raison estoit contre l'ordre
de nature, veu que les hommes raisonnables ne lui paroissoient pas
moins rares, que les monstres. Quoi
qu'il en soit, la sentence d'Aristote
n'est pas ici peu considérable, encore
qu'il ne l'ait pas toujours suivie, *stul-
tas opiniones admodum destruere
stultissimum est*. Il faut pardonner
avec mespris à des syncopes de raison, et des béveues spirituelles ou
d'entendement, à qui les Grecs ont
donné le nom de παρόραμα, et que

nous remarquons parfois en ceux avec qui nous contestons, soit de vive voix, soit par écrit, puisqu'en tout cas on ne sçauroit trop déférer à l'aphorisme de ce sçavant Père de l'Église, *melius est dubitare de occultis quam litigare de incertis.* Nous ne nous repentirons jamais de nous y estre tenus.

SEPTIÈME SOLILOQUE

Quelques-uns pourroient penser là-dessus, qu'il est plus à-propos de garder un perpétuel silence, que de l'expliquer en quelque façon que ce soit, puisqu'on ne peut rien dire de solide, toutes choses aiant deux anses, et pouvant estres prises diversement comme incertaines et problématiques.

J'avoue que le silence tient lieu souvent de nourriture à l'ame, estant pour
cette considération très-recommanda-
ble, quoi qu'il faille aussi tomber d'accord qu'il est parfois l'asyle et le re-
fuge d'une parfaite ignorance, qui se
cache sous son ombre. D'ailleurs généralement parlant, l'avantage du
silence est tout visible, en ce que celuy qui parle se vuide, et que celuy qui
écoute se remplit. J'ai fait plus d'une
fois cette réflexion dont je me veus
souvenir ici, que l'Écho mesme, touté
babillarde fille qu'elle est dans la fable, nous fait leçon du péril qu'il y a
de communiquer à d'autres des pensées d'importance, veu qu'estant une
fois sorties de chez nous, les pierres,
et les rochers ne s'en peuvent taire, et
les redisent. Le silence de cinq ans
des Pythagoriciens, et celuy des Car-
dinaux qui n'oseroient parler, et sont
comme muets, jusques à ce que le

Pape leur ouvre la bouche, peuvent servir d'instruction là-dessus. C'est ce qui fait prononcer proverbialement aux Espagnols, *callar, y obrar, por la tierra, y por la mar ;* et les Arabes ont cet adage qui va au mesme sens, *duobus modis pereunt homines, abundantia opum, et abundantia sermonis;* au lieu que selon Salomon (1), *qui custodit os suum, custodit animam suam,* et que suivant sa doctrine, *stultus quoque si tacuit, sapiens reputabitur, et si compresserit labia sua, intelligens.* Si est-ce qu'outre qu'il y a des silences trompeurs et dissimulez, on peut soustenir qu'on ne sçauroit juger des hommes que par leurs actions, et par leurs discours. Parle, disoit un ancien, si tu veux que je te connoisse, *loquere, ut te videam.* En effet l'action, qui comprend la parole, est la

(1) Prov. c. 13. et 17.

mesure de l'estre, et les choses ne
sont, à le bien prendre, qu'autant
qu'elles agissent, et qu'elles se font
connoistre de l'une ou de l'autre manière, en faisant ou en parlant. Cependant comme l'inaction et la fai-
néantise, qu'Amasis vouloit estre pu-
nie de mort, est nommée par les Italiens le vice des honnestes gens, et
que selon eux, *il lavorar è mestier
da buoi;* le silence de mesme a ses
partisans qui en font leur capital, et
d'autres qui ne le peuvent souffrir,
parce, disent-ils, qu'un oiseau muet
ne fait point d'augure, *ave muda non
haze aguero,* c'est l'Espagnol qui parle
ainsi. Certes il n'y a point de mé-
daille qui n'ait un revers, ni de si
beau précepte de morale, qui ne soit
diversement envisagé.

HUITIÈME SOLILOQUE

La beauté, qui passe pour la plus aimable chose qui se puisse voir, et qui appelle tout le monde à soi, καλὸν παρὰ τὸ καλεῖν, nous fournira un bel exemple de ce divers envisagement. Les charmes de la beauté sont tels, qu'elle se rend maistresse des sages les plus modérez, et des conquérans les plus invincibles. C'est ce qui la fit nommer à Socrate, une tyrannie de peu de temps; ce qui obligea Platon de soustenir qu'il n'y avoit rien de beau, qui ne fust encore bon; et ce qui a contraint Aristote d'écrire que cette beauté portoit avec elle plus de recommandation, que quelque lettre de faveur qu'on pust obtenir, παντὸς ἐπιστολίου συστατικότερον. Et véritablement elle donna lieu aux premières Monarchies du siècle d'or, les peuples obéissant volontairement: de sorte qu'alors on ne voioit point de rebelles qui ne fussent aveugles. Encore aujourd'huy toutes les conditions de la vie cherchent dans la beauté ce qui les doit faire estimer. Le Soldat met sa gloire à posséder un beau cheval, et des armes bien polies. Un Peintre n'est en réputation, que par la beauté de ses tableaux; ni un Orateur que par celle de ses périodes. Or ce n'est pas merveille que nostre humanité considère si fort un agréable aspect, veu que la beauté du corps qui se voit, est ordinairement l'image de l'esprit qui l'informe; les perfections internes engendrant les externes, jusques aux pierreries, dont l'éclat procède de la juste mixtion des éléments au dedans. Cependant à cause de l'infidelle compagnie qui se trouve entre la vertu et la beauté, *raram facit mixturam cum sapientia forma*, beaucoup de gens ont dressé de grandes invectives contre la dernière, qui se fait principalement estimer lors que le sexe feminin s'en peut prévaloir. Car pour les hommes ils doivent prendre ailleurs leur avantage; ce qui a fait dire à l'Ecclésiastique: *Non laudes virum in facie sua, nec spernas hominem in visu suo*. Et la réflexion de Galien me semble fort juste, qu'Homère n'ayant parlé qu'une fois de Nirée comme du plus beau des Princes Grecs, il a voulu donner à comprendre que les beaux hommes ne sont presque bons à rien. C'est contre les belles Dames que la Satyre s'exerce ici, comme s'il n'y avoit que les laides qui pussent se garantir du vice, *casta quam nemo rogavit*. Encore voudroit-on rendre injustement la pudicité de celles-cy

3.

mesprisable, par cette mauvaise raison, que leur âme n'a pas toujours
esté chaste, dans une volonté corrom-
pue: *Quæ malam faciem habent sæ-
pius pudicæ sunt, non animus illis
deest, sed corruptor*, comme en parle
Sénèque dans une de ses Controver-
ses. Je me souviens de la raillerie de
celuy qui disoit d'une fille peu aimable, que Dieu pour la sauver avoit mis
son âme en sauveté, dans un corps
que personne ne pouvoit aimer. On
ne sçauroit nier à l'égard des belles,
que leur humeur superbe ne les fasse
parfois haïr. Car comme l'avoue
Ovide, leur plus grand amy (1),

Fastus inest pulchris, sequiturque superbia formam.

Et néantmoins l'on peut dire à la
plus agréable de toutes, *quid excolis
formam? cum omnia feceris, a mul-
tis animalibus decore vinceris* (2).

(1) Fast. l. 1.
(2) Sen. ep. ult.

Il est impossible, dit Diodore Sicilien, d'avoir jamais autant de beauté, que cet animal à qui elle a fait donner le nom de *Cepus,* κῆπος, parce que la veue de tous les jardins ne peut ré-jouir ni satisfaire comme la sienne. Ce sont néantmoins des beautez d'un ordre si différent, que j'ay de la pene à souffrir cette comparaison.

NEUVIÈME SOLILOQUE

Si la Beauté a eu des adversaires qui l'ont mesprisée, ce n'est pas mer-veille que quelques-uns aient pris plaisir à préférer une caduque vieil-lesse aux impétuositez d'une bouil-lante jeunesse. Car quoique le vieil Caton (1) n'approuvast pas le pro-verbe déja usité de son tems, qu'on

(1) Cic. lib. de Senect.

se devoit rendre vieil de bonne heure,
afin de l'estre longtems, ce qui semble donner de l'avantage à l'âge
avancé sur celui qui l'a précédé ; il
est pourtant vrai que ses devanciers
et ceux qui ont vescu depuis luy, se
sont déclarez pour le proverbe contre
le sentiment de Caton. J'avoue que
la jeunesse a des emportemens qu'on
ne sçauroit assez condamner, ce qui a
fait qu'Aristote n'a pas feint d'escrire (1), que contrevenant au précepte
du sage Chilon, les jeunes gens font
toutes choses avec excès, *omnia ni-
mis agunt.* La modération des vieil-
lards a quelque avantage pour ce regard, quoique Saint Basile (2) ait
prononcé contre elle, qu'elle estoit
plutost une impuissance de continuer
les désordres de la jeunesse, qu'une
vraie tempérance : *Temperantia in*

(1) Rhet. l. 2. v. 12.
(2) Conc. 8. de Pœn.

senectute, non temperantia est, sed lasciviendi impotentia. C'est une triste chose d'avoir recours à la Fable, pour dire que les Cygnes blancs qui tirent le char de Vénus, signifient qu'elle n'est pas ennemie des testes blanches, qui peuvent encore se faire agréer. On dit de mesme à l'avantage des femmes qui sont avancées dans l'âge, qu'il y a des animaux qui mesprisent les jeunes femelles, et leur préfèrent les vieilles. Aristote l'asseure en ces termes (1) : *Arietes primum vetustiores oves ineunt, novellas enim minus persequuntur.* Pour moi qui me suis assez déclaré là-dessus, devant que j'eusse passé la grande année climactérique, je fais peu de cas de toutes ces observations, et je trouve bien plus considérable la belle et élégante description que nous fait Juvénal, dans sa dixième Satyre,

(1) De hist. anim. l. 5. c. 14.

des imperfections de la vieillesse, qui
me font souscrire au mot de Sénèque
le Tragique,

Rarum est felix idemque senex.

L'honneur que beaucoup de Nations
ont déféré au grand âge, a eu ses raisons : mais comme s'escrie Ausone
sur cela,

Quid refert? Cornix an ideo ante Cygnum?

Les ténèbres sont plus anciennes que
la lumière, qui voudroit les luy préférer pour cela? Je me suis trouvé il
y a peu de jours avec un Macrobie
si impertinent, qu'il me confirma
dans l'opinion où j'ay toujours esté,
qu'on peut retourner en enfance par
caducité, et devenir comme celuy
dont je parle, *Senex bis puer, ter
fatuus, quater improbus.* D'ailleurs, il n'y a rien de plus misérable
qu'un vieillard, qui n'a rien dont il
se puisse vanter, que d'avoir esprouvé

une infinité d'adversitez, et de s'estre
veu comme il est encore, semblable
à la Fourmi de Virgile,

... Inopi metuens Formica senectæ.

ce qui plonge dans une infâme ava-
rice, parce que, selon le dire des Italiens, *quanto più l'uccello è vecchio,
tanto più mal volontieri lascia la
piuma.* Si le nom de Sénateurs a esté
honorable à Rome à cause de leurs
longues années, *quod seniores;* et si
celuy de Seigneur en France procède
d'une mesme origine, il ne faut pas
laisser de tomber d'accord, qu'il n'y
a que les belles actions, au cas que
nous ayons esté assez heureux pour
en produire, qui nous puissent rendre
dans la vieillesse plus considérables
que les jeunes gens. C'est le fondement de ce beau mot d'Ovide escri-
vant à Livia sur la mort du jeune
Drusus son fils :

Acta senem faciunt, hæc numeranda tibi.

Le reste qui accompagne nostre caducité, semble estre plutost digne de
compassion qu'autrement.

DIXIÈME SOLILOQUE

Quoi qu'il en soit, nos jours estant
comtez au Ciel de toute éternité, selon
nostre plus commune croiance, je ne
voy pas bien le fondement des hon-
neurs qu'on rend à ceux qui ont veu
rouler plus longtems sur leurs testes
les sphères d'en-haut, que le reste des
autres hommes, non plus que tout ce
qui leur arrive; cela dépendant d'un
mesme principe, sans qu'ils y aient
pu rien contribuer.

*Ventidius quid enim, quid Tullius, anne aliud quam
Sidus, et occulti miranda potentia fati* (1)?

(1) Juven. sat. 7:

Car toutes nos destinées, dont les Anciens ont tant parlé, dépendoient selon eux des corps supérieurs, et du différent aspect des Astres : ce qu'observent encore aujourd'huy nos faiseurs d'horoscopes, et tous ceux qui défèrent aveuglément à l'Astrologie Judiciaire. Or tout est si frivole, et si incertain dans cette prétendue science, que le nombre des Cieux n'y est pas constant, assez de Philosophes aiant présupposé que les Astres y estoient comme les oiseaux en l'air, et les poissons dans l'eau. Il n'y a eu que les Juifs qui aient bien asseuré qu'il y avoit dix Cieux, de sorte qu'en leur langue le Ciel n'a point de singulier, et n'est jamais emploié qu'au pluriel. Selon leurs Rabins les dix courtines du Tabernacle de leur temple, signifioient ces dix Cieux; et le passage du texte sacré, qui dit, *opera digitorum tuorum sunt cœli,* témoigne que nos

deux mains n'aiant que dix doigts, le
nombre des Cieux n'est ni moindre,
ni plus grand que celui-là. Quant aux
Astres, et aux Estoiles, Platon les
establit dans son *Épinomis* pour des
Dieux visibles, ou du moins pour
leurs images que nous devons res-
pecter. L'ordre, selon luy, que les Pla-
nètes conservent entre elles, monstre
qu'elles sont animées. Et Ovide, con-
formément à cette opinion commune,
n'a pas manqué de mettre ces Animaux au Ciel dans le premier livre de
ses Métamorphoses,

Neu regio foret ulla suis animalibus orba,
Astra tenent cœleste solum, formæque Deorum.

Le Soleil estant le principal d'entre
eux, Apollon estoit nommé ἐπίσκοπος,
ou surveillant, par les Grecs, comme
il se peut voir dans Phornutus. Tant
y a qu'à cause que les premiers Pères
de l'Église déféroient plus à l'Escole
de Platon qu'à celle des autres Phi-

losophes, ils admettoient l'animation
des Cieux, et des Estoiles; et l'on
comte entre les erreurs d'Origène celle
d'avoir creu ces mesmes Estoiles ca-.
pables du vice et de la vertu. Y a-t-il
un Art plus ridicule que celuy de la
Judiciaire, quoiqu'aient pu faire ses
suppos, qui ont toujours tasché de
rendre leurs prédictions apparemment véritables par des interpréta-
tions qui font pitié à tous ceux qui en
considèrent l'absurdité? J'en ai assez
produit d'exemples dans quelques écrits
imprimez, je veux seulement me re-
mettre ici en mémoire celuy qui regarde le Poëte Eschile. On luy avoit
prédit par l'inspection du Ciel qu'il
mourroit de la cheute d'une maison,
et l'on voulut que la Tortue qui porte
toujours sa maison, et qui luy écrasa
sa teste chauve, eust esté désignée par
la prédiction. Comment l'Astrologie
auroit-elle quelque chose de constant,

et où l'on se doive arrester, puisque
ses Professeurs se contrarient les uns
les autres, et bastissent sur des fondemens différens? Le Père Semedo observe que les Chinois qui n'esta-
blissent que vingt-huit constellations,
ont néansmoins un bien plus grand
nombre d'Estoiles que nous n'en re-
connoissons. Si est-ce que le Père
Adam, Astrologue Roial, y fonde ses
jugemens sur les mesmes aphorismes
que suivent les Européens. Au fond
si le mouvement de la Terre est présupposé, comme le Cardinal Nicolas
de Cusa l'a établi (1), et quatre-vingts
ans depuis luy Copernic, suivi d'une
infinité d'autres; que pouvons-nous
recueillir de toutes les maximes des
Anciens, qui doive satisfaire un esprit solide au sujet dont nous parlons?
Aussi voions-nous que les plus grands
hommes se sont repentis d'avoir dé-

(1) *De docta ignor.* l. 2. c. 12.

féré à la vanité de cette profession.
Cardan avoue (1) que la connoissance qu'il avoit de l'Astrologie, luy fut
fort préjudiciable, parce qu'il croioit
suivant ses plus constantes maximes,
ne devoir pas vivre plus de quarante
ans, et nous sçavons que sa vie a esté
de soixante et quinze moins trois jours.
Mathieu Paris fait un conte ridicule à
ce propos de l'Empereur Fridéric se-
cond, qu'entesté de la vanité de cette
science trompeuse, il s'abstint la première nuit de ses nopces de toucher sa
femme Isabelle, fille d'Angleterre, que
le matin ne fust venu, et cela par le
conseil de quelques Astrologues, *do-
nec competens hora ei ab Astrologis
nunciaretur*. Et Scaliger le père escrit
dans sa *Poétique,* que rien ne peut
tant fortifier l'opinion impie d'Épicure touchant la création fortuite du
monde par le concours et assemblage

(1) Lib. *de Vita propria,* c. 10.

hazardeux des Atomes, que l'inégale et téméraire disposition des Astres sur nos testes, où ils ne font aucune figure ni arrangement qui semble raisonnable. Car les figures qu'on leur fait représenter sont toutes imaginaires, et à peine y voit-on un triangle assez imparfait sous le nom du Delta ou Deltoton, non plus que de ligne bien droite, si vous exceptez celle du baudrier d'Orion, qui multipliée sert à mesurer toute l'étendue du Ciel. Le Chancelier Bacon (1) a fait déjà cette remarque, et que rien ne se meut là-haut par dès cercles parfaits. Le mespris ou j'ay toujours esté des prédictions Astrologiques, m'a transporté plus que je ne pensois, adjoustant ceci à ce que j'en ai escrit ailleurs.

(1) De augm. scient. p. 166.

ONZIÈME SOLILOQUE

Ce peu que je viens d'observer touchant la Judiciaire me fait penser à l'opinion que les premiers Philosophes Grecs ont eue de Dieu, et de la Nature, qu'ils ont souvent confondus. Cicéron (1) tient que Straton de Lampsaque ne reconnoissoit que la dernière, puisqu'il n'y avoit point d'effets qu'il ne luy attribuast, sans en rapporter aucun à Dieu, *Lampsacenus Strato omnia effecta Naturæ, nulla Diis tribuebat.* Et mesme cet Orateur Romain appelle ailleurs (2) la raison naturelle, une loi divine et humaine : *Naturæ ratio, quæ est lex divina et humana.* Platon et Aristote

(1) *Qu. Academ.* l. 4.
(2) *De Offic.* l. 3.

ont eu d'autres pensées, et ce dernier remarque au sixième Livre de sa *Métaphysique,* qu'à n'admettre point d'autres substances que les matérielles, selon qu'en usoient ses devanciers, la Physique seroit la première Philosophie, et non pas celle qui suit et est au-delà, ce qui luy a fait donner le nom de Métaphysique. Mais en vérité les deux Mondes de Platon, l'un sensible, et l'autre intelligible où habite la Vérité, sont des viandes bien creuses ; de mesme que les nombres qui composoient la Nature selon Pythagore. Les deux matières d'Aristote, l'une sensible aussi, et l'autre intelligible qui enveloppe les Mathématiques, ne sont pas moins chimériques à ceux qui veulent philosopher, aussi bien que naviger seurement, et toujours terre à terre, de peur de s'égarer. Ceux-là s'empescheront toujours d'employer dans la Phy-

sique des termes nouveaux et surna-
turels, comme quelques-uns ont voulu
faire depuis peu. Mais il y a des
esprits qui croient n'avoir jamais bien
rencontré, si contrariant les autres,
ils ne suivent une route différente de
la leur; semblables à l'Oiseau Merops
qui vole au rebours des autres, avan-
çant toujours vers sa queue : *Merops*,
avium sola, retrorsus ac versus cau-
dam fertur, dit Élien dans son histoire des animaux. Ainsi aux choses
mesme d'aussi peu de conséquence,
que celles dont nous venons de parler
sont importantes, on ne trouve que
diversité d'opinions. Pline veut que
les Oiseaux nous aient enseigné l'usage
du gouvernail d'un vaisseau. Sénèque
et Possidonius l'attribuent aux Poissons dans le mouvement de leur
queue. Et cette inclination naturelle à
la nouveauté contentieuse, autant que
d'autres raisons morales qu'on pour-

roit rapporter, ont engendré enfin l'animosité qui s'observe entre quelques Nations, dont je vais dire un mot après ceux qui l'ont observée devant moi. Il y a une antipathie physique, ce semble, entre l'Alleman et le Polonois, le Suédois et le Danois, l'Anglois et l'Escossois, le Galois ou habitant du païs de Gales, et l'Irlandois. Le Portugais ne s'accorde pas mieux avec le Castillan, non plus qu'autrefois le Parisien avec le Norman, et le Génois avec le Vénitien, ou l'Arragonois. Les Arabes sont toujours en différend avec les Abyssins, les Turcs avec les Persans, les Mogoles avec les Jusbegs, les Chinois avec les Japonois, les Moscovites avec les Tartares. Nos anciens Gaulois estoient si haïs des Romains, qu'ils n'exemtoient de la guerre leurs sacrificateurs, que quand il faloit aller au combat contre les Gaulois, *in Gallico*

tumultu : ce que Plutarque a remarqué dans la vie de Camillus. Je laisse
l'injustice des Historiens d'Italie contre
nostre Nation, pour considérer simple-
ment l'impertinence de Pétrarque,
d'ailleurs fort à priser, quand il veut
que la férocité seule de nos mœurs
nous ait imposé le nom de François, *a*
feritate morum Francos dictos.
Mais quitons un sujet par trop odieux.

DOUZIÈME SOLILOQUE

Cette grande discordance des Nations fait voir entre autres choses, qu'il
n'y a point, à le bien prendre, de com-
munes notions parmi les hommes,
qui pensent tous si diversement et
avec une opiniastreté si voisine de la
haine, que Théognis a eu raison d'ap-

peller dès son tems l'Opinion un de
nos plus grands maux,

Δόξα μὲν ἀνθρώπουσι κακὸν μεγα,
Opinio quidem hominibus magnum malum est.

Je ne sçai point de meilleure ré-
solution à prendre là-dessus, que de
suivre le conseil que Saint Paul donne
à Timothée, μὴ λογομαχεῖν, de ne con-
tester jamais avec des paroles ordinairement inutiles, et qu'il nomme
fort bien κενοφωνιας, *inaniloquia.* A
moins de déférer à cet avis salutaire,
il n'y a rien de plus tumultueux que
nostre vie, parce que tout ce que con-
tient la Nature est sujet à controverse,
qui s'étend mesme plus loin dans cette
considération d'Aristote(1), *opinabile
latius patere quam ens, quia et quod
est, et quod non est, opinabile est.*
Certes c'est une chose pitoiable de
voir d'un œil exemt de prévention,
comme chacun prend les choses à sa

(1) *Top.* l. 4. c. 15.

mode, et comme il n'y a presque
personne qui n'aime mieux reprendre
Dieu, et la Nature, que de reconnoistre ingénuement l'ignorance où il est.
J'use de cette pensée après Cicéron
au livre cinquième de ses Questions
Tusculanes, *rerum naturam, quam
errorem nostrum damnare malu-
mus.* Mais quoi, il vaut mieux imiter
là-dessus Démocrite, qu'Héraclite,
si nous en croions Sénèque(1), à cause
que selon luy *humanius est deridere
vitam, quam deplorare;* bien qu'il
avoue qu'on se peut plus à propos
abstenir de l'un et de l'autre. Quoi
qu'il en soit, la maxime qu'il establit
ailleurs, de tenir toujours pour très-
mauvais ce que le peuple approuve,
nous est confirmée par le *tolle, tolle,
crucifige* des Juifs, qui montre bien
que la voix du peuple n'est pas toujours la voix de Dieu; de sorte qu'il

(1) *De Tranq.* . 1. c. 15.

5

n'y a guères d'âmes philosophiques
qui ne disent avec le mesme Sénèque (1), *argumentum pessimi turba
est.* L'Orateur Romain que j'ai déjà
cité, et que je citerai toujours très-
volontiers en de semblables matières,
tesmoigne encore ce sentiment en
ces termes (2): *Philosophia paucis
est contenta judicibus, multitu-
dinem consulto ipsa fugiens, eique
ipsi et suspecta et invisa.* C'est
une merveille que sa profession
d'Éloquence, d'où il retiroit sa
principale recommandation, luy ait
permis de reconnoistre si franchement
cette vérité, parce qu'elle paroist absolument contraire au bien-dire des
Orateurs, qui est une faculté popu-
laire, et qui ne vise qu'à obtenir l'ap-
probation d'un grand nombre d'auditeurs. Ce qui m'étonne davantage,

(1) *De vita beata,* c. 2.
(2) *Tusc. qu.* l. 2.

c'est que cela vienne de celuy qui
avoit, dès le premier livre de ces
Questions Tusculanes, voulu prouver l'existence des Dieux, et l'immortalité de nos Ames, par cette considération, qu'une opinion générale
peut estre prise pour la propre voix
de la Nature, *omnium consensus Naturæ vox est,* n'y aiant rien de plus
opposé que le sont ces textes l'un à
l'autre, par des axiomes tout-à-fait
différens. Il ne faut pas néanmoins le
blasmer là-dessus. Le changement d'a-
vis, et la diversité d'opinion selon le
sujet qu'on traite, n'est condamnable
ni en luy, ni en tous ceux qui philoso-
phant académiquement ne se rendent
jamais esclaves de leurs premiers sen-
timens. Je veux me souvenir en sa
faveur de ce que les Anciens faisoient
Neptune, sous le nom du Dieu Con-
sus, auteur de tous les bons avis. Or
ils donnoient apparemment à enten-

dre par là, que comme la Mer que ce Dieu gouvernoit , change de face à tous momens, il n'estoit pas honteux ni mauvais de prendre des avis différens, selon la diversité des tems et des sujets qui obligent à le faire.

TREZIÈME SOLILOQUE

Entre les choses dont la Noblesse et le Peuple sont le mieux d'accord, c'est d'amasser du bien si faire se peut, et de fuir la pauvreté. Les Philosophes (1) considèrent que la vertu ne s'acquiert pas avec les biens; mais qu'au contraire, c'est assez souvent la vertu qui nous fait obtenir des biens. Et pour le regard de la pauvreté, l'Ecclésiastique ne laisse rien à dire pour l'esvi-

(1) *Arist. Polit.* l. 7. c. 1.

ter, quand il asseure qu'il vaut mieux mourir, que d'y tomber : *Fili, in tempore viæ tuæ ne indigeas, melius est enim mori, quam indigere.* C'est pourquoi nous voions que tout le monde veut devenir riche en quelque manière que ce soit,

Unde habeat quærit nemo, sed oportet habere.

L'homme le plus vertueux, le mieux sensé, et de la plus hauté extraction, s'il est mal vestu, et que ses habits soient percez au coude, n'oseroit parler en bonne compagnie, au péril qu'il courroit d'estre moqué au mesme tems qu'on applaudit aux discours impertinens d'un fat, qui a les rieurs de son costé, parce qu'il s'est richement paré.

Et genus, et virtus, nisi cum re vilior alga est (1).

Car cette *Res* des Latins qui se trouve dans l'opulance, donne des amis

(1) Horat. l. 1. Sat. 6.

et des fauteurs partout, *Res amicos invenit*, comme le fait si à-propos remarquer ce vieillard Antipho dans le *Stichon* de Plaute (1). C'est ici un lieu trop commun parmi les sçavans, et trop facile à estre amplifié, pour s'y arrester davantage. Mais il n'a pas esté moins aisé, à ceux qui l'ont voulu contredire, de prendre le parti, sinon d'une extrême indigence, au moins d'une tolérable et honneste pauvreté. *Culmen liberos tegit*, ont-ils dit après Sénèque, *sub marmore atque auro servitus habitat*. Un peu de nécessité aiguise l'esprit; elle a ses gaietez plus parfaites souvent, et plus fidelles, que ne les a l'abondance. Et Dieu soit loué qu'il y ait des jours dans la vie, où le riche porte envie à la condition du pauvre! En vérité quelqu'un n'a pas mal rencontré d'es-

(1) Act. 4. sc. 1.

crire, qu'on voit la pluspart des grands
richars tenir dans leurs coffres le ra-
chat des captifs, la liberté des prison-
niers, la santé des malades, la joie
des affligez, et la vie des languissans,
sans qu'on puisse reprocher une telle
malédiction à ceux que la Fortune a
moins favorisez. Je me trompe de
parler ainsi de cette Déesse aveugle.
Le Bien, la Noblesse, et la Science
mesme, sont des dons du Ciel, qui
les jette parfois, dit Epictète, comme
l'on fait des noix et des figues aux en-
fans, sans qu'il faille se battre comme
eux à qui en aura le plus, quoiqu'il
soit permis de s'en prévaloir quand ils
se présentent à vous, et qu'on le peut
faire civilement. En effet le Chef des
Gymnosophistes Mandanis ne pouvoit prononcer un plus bel axiome,
que celuy que nous lisons de luy
dans Strabon, qu'il n'y a point de
maison plus à estimer, que celle qui se

contente de peu, se passant de ce dont
les autres abondent. Car on peut soustenir qu'il est mesme parfois avantageux, de diminuer ses richesses, pour
devenir plus riche , et d'imiter le bon
vigneron, qui coupe la vigne pour la
faire mieux produire. La pensée de
Pline est excellente là-dessus dans la
Préface du quatorzième Livre de son
Histoire naturelle, que les Sciences
et les Arts Libéraux sont tombez de
la liberté qui leur avoit donné le nom,
dans la servitude, en ce qu'autrefois
les plus accommodez des biens de
Fortune, se plaisoient à cultiver leurs
esprits, chose que l'opulence a depuis
empeschée, *rerum amplitudo damno
fuit*. Car il est arrivé que les hommes
seuls qui se sont veus réduits à la pauvreté et à la servitude, ont fait valoir
les Arts et les Sciences , parce qu'ils
n'avoient que ce seul moyen pour se
faire considérer, et pour subsister :

Quadam sterilitate fortunæ necesse erat animi bona exercere. C'est ainsi que parle Pline, et qu'on balance toutes choses.

Rogatus Antisthenes quidnam ex philosophia lucratus esset, mecum, ait, colloqui posse, τὸ δύνασται ἑαυτῷ ὁμιλεῖν.

Qui plura novit, eum majora sequuntur dubia. Arist.

Extrait du Privilége

PAR Lettres de Privilége du Roy, en datte du 9 Mars 1651, signées CONRART, il est permis à Monsieur DE LA MOTHE LE VAYER, Conseiller du Roy en ses Conseils, de faire imprimer, vendre, et débiter *tous les Traitez, Lettres, Opuscules, et autres pièces de sa composition,* par tel Imprimeur ou Libraire qu'il voudra choisir, conjointement ou séparément, en un ou plusieurs volumes, en telles marges, en tels caractères, et autant de fois que bon luy semblera, durant l'espace de vingt ans : Et défenses sont faites à toutes personnes, d'imprimer, vendre, ni débiter aucun de ces Traitez, et Opuscules, sans son consentement, ou de ceux qui auront droit de luy, sur peine de trois mille livres d'amende, et autre plus grande, ainsi qu'il est plus amplement spécifié par lesdites Lettres.

Achevé d'imprimer

SUR LES PRESSES DE MOTTEROZ

TYPOGRAPHE

A PARIS, RUE DU DRAGON, 31

Le 29 Janvier 1875

www.ingramcontent.com/pod-product-compliance
Lightning Source LLC
LaVergne TN
LVHW022022080426
835513LV00009B/832